Henning Wagener (Hrsg.)

Mein Heimatdorf

Dreis-Tiefenbach

**Eine Dorfchronik von Gerhard Wagener
Aufgeschrieben in seiner Jugendzeit**

Bibliografische Information der Deutschen National-bibliothek:
Die Deutsche Nationalbibliothek verzeichnet diese Publikation in der Deutschen Nationalbibliografie; detaillierte bibliografische Daten sind im Internet über http://dnb.dnb.de abrufbar.

© *2013 Henning Wagener*

Herstellung und Verlag: BoD – Books on Demand, Norderstedt

ISBN: 9783732240432

Inhalt

Inhalt	5
Vorwort	6
Lied der Heimat	9
Ein Blick auf Dreis-Tiefenbach	12
Unsere Kirche	13
Kriegerdenkmal	17
Ortschronik im Jahr 1924	22
Der Lieschberg	25
Die größten Brände	26
Die ersten Bewohner	29
Die alten Wege	30
Die alte Burg	31
Ein frühes Hammerwerk	32
Auf Spuren alter Hochöfen	33
Die Industrie in Dreis-Tiefenbach	34
Die neue und die alte Siegbrücke	36
Die Kaisereiche	38
Der Hauberg und sein Nutzen	40
Die Heimat	41
Bilder	42
Bildverzeichnis	46

Vorwort

Die nachfolgende Chronik befand sich im Nachlass meines im Jahr 2012 verstorbenen Vaters Gerhard Wagener. Entstanden ist diese während seiner Schulzeit, in seinem 13. oder 14. Lebensjahr. Der Umfang umfasst neun doppelseitige Kanzleibögen im Format DIN A3 und ist mit Schreibmaschine äußerst sauber und ohne jegliche Tippfehler geschrieben worden. Man bedenke, dass zu dieser Zeit, gerade fünf Jahre nach Ende des Zweiten Weltkrieges viele Dinge knapp waren. Einem Jugendlichen den Zugang zu einer Schreibmaschine zu ermöglichen, war zu dieser Zeit etwas nicht alltägliches. Das Typoscript wurde von ihm dann Faden gebunden und mit einem Watte gefütterten, mit dunkelblauem Leinen inklusive seinem, in Rot gesticktem, Monogramm versehen.

Am 29.September 1937 erblickte Gerhard Wagener in Dreis-Tiefenbach das Licht der Welt. Sein Elternhaus steht in der Lieschstraße 8. Den Schrecken des Zweiten Weltkrieges erlebte er dort. Viel erzählt hat mein Vater nie über diesen Zeitabschnitt. Nur soviel, dass er und seine Familie bei den Luftangriffen in höchster Eile den Luftschutzstollen unter dem Liesch aufgesucht haben und dort ausharren mussten. Unmittelbar nach Kriegsende zog die Familie nach Afholderbach, wo die Arbeitskraft meines Großvaters dringend in der Landwirtschaft benötigt wurde. In dieser Zeit erkranke mein Vater infolge verseuchten

Trinkwassers sehr schwer und konnte nur durch eine Notoperation gerettet werden. Ende der 1940er Jahre nahm die Familie dann wieder in der Lieschstraße 8 in Dreis-Tiefenbach ihren Wohnsitz. Gerhard Wagener ging in Dreis-Tiefenbach zur Schule, anschließend erlernte er das Elektrohandwerk.

Im Jahr 1963 heiratete er meine Mutter Ursula und zog mit ihr in die Siegstraße 102, das alte Fachwerkhaus an der Einmündung zur Dreisbachstraße. Nach meiner Geburt 1964 wurde es in dieser Wohnung zu eng und die junge Familie Wagener fand eine neue Bleibe in Weidenau im Ernstweg. 1970 gab es erneut Nachwuchs; meine Schwester vergößerte unsere Runde und wieder wurde der Platz in der Wohnung zu klein. Mein Großvater Otto Wagener war zu dieser Zeit Küster der evangelisch reformierten Kirchengemeinde in Dreis-Tiefenbach und wollte altersbedingt in den wohlverdienten Ruhestand gehen. Mein Vater wurde 1973 sein Nachfolger und wieder wurde umgezogen. Diesmal in die Weyertshainstraße 19. 1974 vergrößerte meine kleinste Schwester unsere Familie. 1977 entschieden sich dann unsere Eltern ein eigenes Haus zu bauen. Das Baugrundstück fand sich in Unglinghausen. 1978 wurde von Dreis-Tiefenbach Abschied genommen. Auch in den langen Jahren in Unglinghausen blieb Dreis-Tiefenbach immer die Heimat unseres Vaters. Zu Vielfältig waren die verwandtschaftlichen Bindungen. Wenn er von zu Hause sprach, meinte er stets sein Heimatdorf. In Jungen Jahren hat er viel von der Welt gesehen, vom Nordkap in Norwegen bis nach Jugoslawien führten ihn, und sein späterer Schwager manche Reise Ende der 1950er Jahre. Aber stets fühlte er sich mit seiner Heimat und seinen Menschen verbunden. Selten habe ich solch einen hilfsbereiten Menschen kennen lernen dürfen. Sei es Verwandte, Bekannte, Freunde – jeder konnte auf seine Hilfe zählen. Beim Umbau der Bürgerbegegnungsstätte in Unglinghausen war er Abend für Abend und an den Wochenenden auf der Baustelle zu finden. Er fragte nicht, er packte an. Sehr selten ein lautes Wort gegenüber uns Kindern. Er war ein wundervoller Mensch, ein liebevoller Vater und meiner Mutter ein fantastischer Ehemann.

Am 21.Januar 2012 schloss er im Kreis seiner Familie für immer seine Augen.

Unglinghausen im Mai 2013

Henning Wagener

Lied der Heimat

Willst Du wo ich wohne sehn?
Willst Du mit nach Dreisbach gehen?
Willst Du meines Dörfchens Mitte,
meine liebe Vaterhütte und mein
kleines Gärtchen sehn, mit der Laube kühl und
schön.

Hör mir zu! Mein kunstlos Lied singt dir
wo mein Dörfchen blüht.
Hier , an eines Bächleins Rande,
in dem schönen Siegerlande,
liegt der Heimat traute Flur,
hold geschmückt von der Natur.
Stattlich hoch und feierlich,
hebt der Gottestempel sich.

Schöne Häuser, hell und rein,
laden Dich zur Ruhe ein.
Folg mir jetzt zur Wiese hin,
schön beblümt mit zartem Sinn!
Schau der hohen Berge Spitzen,
wie sie glühen, wie sie blitzen.
Wie sich Buschwerk mild und leicht,
flüsternd über Felsen neigt.

Wenn der Sommertag verblüht,
wenn die Sonne scheidend glüht,
bei dem Schein der Abendröte,
lausch ich hier der Hirtenflöte.
Hör durch würzig duftend Grün,

Rinderherden heimwärts ziehn.
Und wenn nun die stille Nacht,
um das Haupt der Sterne Pracht,
ernst durch unsre Flure schreitet,
sie mit dunklen Schatten kleidet,
O, das ist so lieb und schön!
Willst Du mit nach Dreisbach gehen.

(Unbekannt)

Mein Großvater vor seiner Schmiede

Ein Blick auf Dreis-Tiefenbach

In einem von Bergen umgrenzten Tale liegt mein Heimatort Dreis-Tiefenbach. Von steiler Bergeshöhe grüßt uns unser liebes Kirchlein. Zu demselben wurde 1933 der Grundstein gelegt. Im Jahre 1934 wurde es fertig gestellt und feierlich eingeweiht. Am Heiligen Abend 1933 läuteten zum ersten Male die Glocken. Leider mussten wir sie im Kriege wieder abgeben. 1947 haben wir neue Glocken erhalten, die uns jeden Sonntag zum Gottesdienst einladen. Etwas unterhalb der Kirche erhebt sich auf einem freien Platze ein Denkmal das zu Ehren der im Kriege 1914-1918 gefallenen Dorfbewohner errichtet wurde. Auf großen Steintafeln stehen die Namen derer, die für das Vaterland gestorben sind.

Ungefähr in der Dorfmitte befindet sich die Stillingslinde. Sie hat ihren Namen nach dem berühmten Augenarzt Jung-Stilling, der in seiner Jugend als Lehrer in unserem Dorf tätig war. Jung-Stilling hat diese Linde vor etwa 200 Jahren gepflanzt und durch sorgsame Pflege ist sie uns noch heute erhalten. Früher versammelten sich die Leute abends unter der Linde und besprachen den kommenden Tag. Manchmal wurde auch unter ihr getanzt.[1]

---

[1] Die Stillingslinde wurde 1979 gefällt

Unsere Kirche

Stolz und feierlich erhebt sich unsere Dorfkirche auf der Anhöhe Liesch. Dank dem Opfersinn und dem Gottvertrauen der Erbauer konnte die Kirche fertiggestellt werden. Im Jahre 1933 wurde der Grundstein gelegt. In denselben ist die Kirchenurkunde eingemauert. Im Jahre 1934, am 2. September, konnte die Kirche eingeweiht werden.

Dreis-Tiefenbach, eins der ältesten Dörfer im Siegerlande, zählte im Jahre 1934 1300 evangelische Einwohner, in der Gesamtzahl von 2400. Nicht immer sind es so viele gewesen, in einem Zeitabschnitt von 90 Jahren hat die Seelenzahl der Evangelischen um fast 1000 zugenommen. Seit Bestehen der alten, ehrwürdigen Kirche in Netphen hat Dreis-Tiefenbach zum Kirchspiel Netphen gehört. Der Mönch St. Stephan hat im Diakonatsverzeichnis des Archidiakonats Mainz die Einkünfte der Netphener Kirche aus der Ortschaft Dreis-Tiefenbach nebst der Mühle um das Jahr 1200 verzeichnet. Bereits 800 Jahre sind die Dreis-Tiefenbacher nach Netphen in die Kirche gegangen, bis zum Jahre 1850 haben auch noch die Dreis-Tiefenbacher ihre Toten auf dem Friedhof neben der alten Kirche bestattet. Die schweren Zeiten des Dreißigjährigen Krieges und jene unseligen Religionskämpfe, welche sich im Kirchspiel Netphen schlimmer als in anderen Orten abspielten, haben auch die Dreis-Tiefenbacher nicht verschont, aber unsere Väter im Glauben bestärkt und gefestigt.

Die 11 Kapellen im Kirchspiel Netphen geben den Beweis, dass man schon vor vielen Hundert Jahren bestrebt gewesen ist, in jeder größeren Gemeinde ein, wenn auch bescheidenes, Gotteshaus zu haben. Kirchliches Leben ist stets in Dreis-Tiefenbach lebendig gewesen und der Wunsch aller evangelischen Einwohner eine Kirche im Dorf zu haben, ist schon wach geworden, als die alte Kapelle der neuen Schule weichen musste. Einige Jahre vor dem Weltkriege war schon ein nennenswertes Kapital gesammelt und ein Platz in unmittelbarer Nähe der katholischen Kirche gekauft, aber der Krieg vereitelte den Kirchbau und die Inflation verschlang das Kapital. Unter Leitung des Herrn Superintendenten Heider, damals Pfarrer von Netphen, und dem verstorbenen Herrn Hauptlehrer Stutte, ging man, als die Mark wieder wertbeständig war, von neuem ans Werk. Die Haussammlungen hatten guten Erfolg. Mit der „Bausparkasse der Freunde" in Wüstenrot konnte man bald einen Vertrag abschließen. Von dem ehemals gekauften Platz nahm man Abstand und entschied sich für den Platz hinter dem Ehrenmal am Liesch. Der unvergessliche Lehrer, Herr W. Kühn, hat den Ort früher Stillingshöhe genannt. Die Haubergsgenossenschaft, unter Führung von Herrn W. Breitenbach, zeigte rühmliches Entgegenkommen; sie trat den insgesamt 200 Ruten großen Platz zum Preis von RM 50,00 an die Kirchengemeinde Netphen ab. Der bekannte Kirchenbaumeister, Königlicher Baurat Hofmann aus

Herborn, wurde mit der Ausarbeitung eines Entwurfs beauftragt und darauf mit der Bauleitung betraut. Am Tage nach der Grundsteinlegung starb Baurat Hofmann am 26. Juni 1933. Die Bauleitung wurde von seinem Sohne, dem Architekten Hans Hofmann im Sinne seines Vaters fortgeführt.

Die Maurer-, Eisenbeton- und Zimmerarbeiten sind durch die Firma Karl Berg, später W. & E. Berg, in Dreis-Tiefenbach zur Ausführung gekommen. Diese Firma hat dann auch die Innenputzarbeiten und die Anfertigung der unteren Bänke übertragen bekommen.

Am 2. September 1934 wurde die Kirche feierlichst eingeweiht. Vormittags 8 ½ Uhr war Abschied vom Vereinshaus der Evangelischen Gemeinschaft.

Dann bewegte sich der Festzug nach der neuen Kirche, nach folgender Ordnung:

1   Konfirmanden und Katechumenen
2   Posaunenchor
3   Gemischter Chor 1. Sänger 2. Sängerinnen
4   Architekt und Kirchenbaukommision
5   Pastoren in Amtstracht
6   Geladene Gäste
7   Frauen
8   Männer

Vormittags 9 ½ Uhr Schlüsselübergabe vor dem Turmeingang und Einweihungsgottesdienst in der neuen Kirche.

Kriegerdenkmal

Urkunde

Über die Erbauung des Kriegerdenkmals auf dem Liesch in Dreis-Tiefenbach im Jahre 1924

Ehre und Dank unseren im Weltkriege 1914-1918 gefallenen Brüdern aus Dreis-Tiefenbach; Preis und Ruhm allen unseren tapferen Kriegern, deren Heldentum unser Vorbild sein soll.

In stiller Trauer und Erhebung wollen wir hier Euer gedenken, Eurer gewaltigen Taten, Eurer tiefen Leiden für Heimat und Vaterland.

So lauten die Inschriften auf diesem Denkmal, welches nach uralter germanischer Sitte als sichtbares Zeichen der Dankbarkeit und Ehrung von Dreis-Tiefenbachs Bürgern im Jahre 1924 auf der Anhöhe Liesch erbaut wurde. Den Hinterbliebenen soll dieses Denkmal sein ein Trost, nicht aber soll es ihren unendlichen Schmerz erneuern; in stolzer, stiller Trauer mögen sie hier ihrer lieben Toten gedenken. Vierhundert Männer und Jünglinge aus Dreis-Tiefenbach standen im Weltkrieg unter den Waffen.

DEN HELDENTOT STARBEN

1914

Martin Weber	Ewald Panthöfer	Wilhelm Wagener
Anton König	Heinrich Braas	Heinrich Frevel
Fritz Scheer	Robert Quast	Peter Reichwein
Paul Schneider	Heinrich Nies	Paul Pithan

1915

Eduard Otto	Martin Wagener	Rudolf Pithan
Wilhelm Gerhard	Wilhelm Schröder	Joseph Günther
Robert Menz	Emil Nies	Heinrich Weber
Wilhelm Dilling	Otto Helmes	Hermann Nies
Ewald Schneider	Fritz Hackler	Heinrich Schneider
Alb. Zimmermann	Martin Flender	Ernst Burgmann

1916

Heinrich Enters	Wilh. Zimmermann	Heinrich Hackler
Heinr. Klingspor	Karl Kühn	Karl Zimmermann
Norbert Kühn	Friedrich Hartmann	

1917

Heinrich Nöh	Otto Hagemeister	Heinrich Derst
Otto Michel verm.	Paul Jung	Karl Ueberlacker
Karl Günther	Albert Giebeler	

1918

Robert Giebeler	Hermann Kühn	Karl Dörner
Rudolph Schneider	Paul Schmidt	Wilh. Zimmermann
H. Schuhmacher	Wilhelm Bosch	

Auswärtswohnende		Dreis-Tiefenbacher
Heinrich Weyer	Wilh. Flender Bellm	Karl Pithan
Karl Kühn	Gustav Schöler	Wilhelm Frank
An den Folgen des	**Krieges**	**starben**
Ewald Wagener	Albert Kühn	Heinrich Stening
Heinrich Schöler	Bernhard Weber	
In Gefangenschaft	1919	
	Otto Fischbach	

Gewaltige Arbeit war zu leisten, den felsigen Hügel zu dem jetzigen stattlichen Plateau herzustellen. Dank und Anerkennung gebührt allen Dreis-Tiefenbachern, die monatelang nach ihrer Tagesarbeit, freiwillig zwei bis drei Stunden, abends beim Licht einer elektrischen Lampe gearbeitet haben. Dank und Anerkennung den Fuhrleuten, die jederzeit ihr Fuhrwerk kostenlos in den Dienst der Sache stellten, der Dorfjugend, die unter Leitung der Lehrer den Sand in Eimern auf die Höhe trugen. Dank und Anerkennung allen die durch Geld und andere Leistungen den Bau des Denkmals ermöglicht haben.

Blick vom Heckersberg auf Dreis-Tiefenbach

Ortschronik im Jahre 1924

Gemeinde: Dreis-Tiefenbach
Amt: Netphen
Kreis: Siegen

Gemeindevorsteher: Heinrich Günther
Stellvertreter: Karl Breitenbach
Gemeindevertretung: Karl Isenhardt, W.Bruch, Heinrich Theis, Karl Berg, O. Söding, Hermann Wagener, Arnold Zimmermann, August Münker

Einwohner: 2050, 1350 ev, 700 kath
Schulkinder: 320, 180 ev, 140 kath

Lehrkräfte ev: Hauptlehrer Stahl, Lehrer Münker und Dieckmann, Lehrerin Frau Münker
Im Ruhestand: Hauptlehrer a.D. Stutte
Lehrkräfte kath: Hauptlehrer Hermann, Lehrer Korbmacher und Lehrerin Hillebrandt
Die evang. Lehrer Münker und Dieckmann nehmen z. Zt. An einem Hochschulkurs teil, ihre Vertreter sind Lehrer Grote und Generotzky.

Gottesdienst im Vereinshaus: Pastor Heider, Netphen
In der kath. Kirche: Vikar Zimmermann

Elektr. Lichtleitung: Gemeindeeigentum
Lichtkommision: Hermann Becker, Wilhelm Flender August Giebeler und Hermann Wagener

Gemeindeinstallateur: Erich Müller

Arzt: Dr. Schneider

Hebamme: Frau Schrey

Viehhirte: Adolf Roth

Ortspolizeibeamter: Hermann Oehm

Landjäger: Schmeer

Haubergsvorsteher und Brandmeister: Wilhelm Breitenbach

Haubergsschütze: Heinrich Pithan

Wiesenvorsteher: E. Flick, K. Breitenbach und K Junk

Industrie: Siegener Eisenbahnbedarf A.G
Kölsch-Fölzer-Werke A.G.
Nietenfabrik Fr. Wrede
       Rheinisch-Westfälische Metallin-
       dustrie GmbH auch Boche genannt
       (Hier wurde auch das Bronzekreuz
       auf dem Denkmal angefertigt)
       Sägewerk und Baugeschäft Gebr.
       Berg
       Holzdrechslerei Rohne & Baier
       Eisen-und Blechwarenwerk Sieger-
       land
Hammerwerk August Stettner

Während des Krieges wurden die Lebensmittel durch Lebensmittelkarten verteilt.
Durch die Währungsreform wurde eine Billion Papiermark zu 1 Rentenmark.
Das Jahr 1924 war ein Regenjahr. Die Ernte verdarb zum größten Teil.

Der Lieschberg

Zwischen dem Sieg- und dem Dreisbachtal erhebt sich der Lieschberg. Er ist mit Fichten und Laubbäumen bepflanzt. Der höchste Punkt des Liesches ist das Bergmannsgrab. Es heißt so, weil dort einmal zwei Bergleute nach Erz suchten und dabei verunglückten. Auf dem Liesch befinden sich viele Bänke, auf welchen sich die Spaziergänger ausruhen. Früher stand auch auf dem Lisch eine Laube. Als an der östlichen Seite des Liesches ein Bunker gebaut werden sollte, stieß man auf einen alten Stollen. Diesen hatten wohl früher erzsuchende Bergleute gegraben.

Die größten Brände

Der größte Brand in Dreis-Tiefenbach war 1908. Die Leute waren bei der Heuernte. Plötzlich ertönte die Feuerglocke. Die Leute ließen alles liegen und stehen und rannten nach Hause. „Wo brennt´s", fragte einer den anderen. Das Michel´sche Haus in Tiefenbach brannte. Der Feuerwehr gelang es zunächst das Feuer auf seinen Herd zu beschränken. Als die Feuerwehr das zerstörte Haus niederreißen wollte, stoben die Funken auseinander und der Wind jagte die Funken in Höfe, wo dürres Heu auseinander lag. Im Nu brannte dasselbe lichterloh und das Feuer griff auf die Wohnhäuser über. In kurzer Zeit brannte das ganze Seifen. 15 Wohnhäuser und 2 Scheunen wurden in einem Tage ein Raub der Flammen.

Im Jahre 1926 brannten an einem Abend im März 3 aneinander gebaute Häuser nieder. Es war das alte Hackler´sche, Theis´sche und Kühn´sche Haus. Das Kühn´sche Haus war das Haus meiner Großeltern. Die Häuser waren mit Stroh gedeckt und das Feuer fand in den Heu- und Strohvorräten reiche Nahrung. Die Häuser brannten bis auf die Grundmauern nieder.

Kühns Haus

Wohltätig ist des Feuers Macht,
wenn sie der Mensch bezähmt, bewacht,
und was er bildet, was er schafft,
das dankt er dieser Himmelskraft;
doch furchtbar wird die Himmelskraft,
wenn sie der Fessel sich entrafft,
einher tritt auf der eignen Spur,
die freie Tochter der Natur.
Wehe wenn sie losgelassen,
wachsend ohne Widerstand,
durch die volksbelebten Gassen,
wälzt der ungeheure Brand!

Leergebrannt ist diese Stätte,
wilder Stürme rauhes Bette.
In den öden Fensterhöhlen,
wohnt das Grauen,
und des Himmels Wolken schauen
hoch hinein.

Ein Blick nach dem Grabe,
seiner Habe,
sendet noch der Mensch zurück –
greift fröhlich dann zum Wanderstabe.
Was Feuers Wut ihm auch geraubt,
ein süßer Trost ist ihm geblieben:
er zählt die Häupter seiner Lieben,
und sieh, ihm fehlt kein teures Haupt.

(Friedrich Schiller, Das Lied von der Glocke, 1800)

Die ersten Bewohner

Dreis-Tiefenbach ist eines der ältesten Dörfer des Siegerlandes. Seine ersten Bewohner waren die Kelten. Ihre ersten Siedlungen sollen in der Habach und in der Wernsbach gewesen sein. Die Bewohner der Wernsbacher Siedlung starben an der Pest aus. Der Pestfriedhof soll sich in Flick's Garten befunden haben. Die Bewohner bauten zur Sicherheit des Dorfes Burgen. Die Sage erzählt, dass sich an einem Bach drei Männer angesiedelt, und sich die Drei am Bach genannt haben. So entstand der Name Dreisbach. Auf dem Burgberg stand eine Burg. Die Tochter des Ritters holte Wasser aus der Sieg zu Begießen der Blumen. Wenn sie dieses tat, so soll sie gesagt haben: „Ich gehe zum tiefen Bach". Darum heißt der untere Teil Tiefenbach. Später wurden beide Namen verbunden.

Die alten Wege

Früher kannte man noch keine so guten Wege wie man sie heute sieht. Das Reisen war sehr beschwerlich. Durch das Gebirge führten Hohlwege. Von Siegen über den Giersberg führte die Landstraße durch uralte Hohlwege, den Fehlingsweg und den Wernsbachweg, die Sieg überquerend über den Dreisbach weiter. Die Kaufleute, die diese Wege bereisen mussten, erlebten oft gefährliche Abenteuer. Gar oft wurden sie von Wegelagerern überfallen und ihrer Ware beraubt. Daher soll auch der Fehlingsweg in Dreis-Tiefenbach seinen Namen erhalten haben. Zwei Männer, Namens Fehling, die in Dreis-Tiefenbach ein großes Besitztum hatten, sollen dort einen Kaufmann überfallen und ermordet haben.

Waren die Hauptwege abgenutzt, so suchten sich die Kaufleute andere Wege. So entstanden die vielen Nebenwege.

Die alte Burg

In der Nähe unserer Schule erhebt sich der Burgberg. Auf ihm soll früher eine Ritterburg gestanden haben. Ihr Besitzer war Ritter Siegfried. Die Burg war keine Wallburg, sondern ein einfacher Wachturm, der von Wallgräben umgeben war. Ritter Siegfried war Hüter des Rechtes. Er beschützte die Kaufleute und bekämpfte den Raubadel. Sah er Feinde kommen, so benachrichtigte er die östlich liegende Batterie. Diese machte es den Feinden unmöglich, nach Siegen vorzudringen.

Heute ist die „Alte Burg" ein beliebter Treffpunkt der Jugend. Steil geht es zu ihr hinauf, doch der sich vom Gipfel zeigende Ausblick entschädigt den Spaziergänger der Mühe des Steigens.

Ein frühes Hammerwerk

Früher siedelten sich die Hüttenleute auf den Bergen an. Dieses taten sie, weil auf den Bergen ein stärkerer Wind herrschte, welcher das Feuer in den Öfen zu größerer Glut anfachte. Sie versuchten es auch mit einem kleinen Blasebalg. Die Leute mussten jedoch einsehen, dass sie einen viel größeren Blasebalg haben müssten um das Eisen zu schmelzen. Die klügsten der Hüttenleute beschlossen in das Tal zu gehen und den Blasebalg und auch den Schmiedehammer mit einem Wasserrade zu betreiben. Durch die hohe Windzufuhr wurde das Eisen jedoch brüchig und musste in einem Frischofen nochmals geglüht werden.

Ein solches Hammerwerk mit Glüh- und Frischofen stand auch in der Hichenbacher Straße, wo sich jetzt die Firma Oehler befindet. Es gehörte August Stettner und später seinen Söhnen.

Auf Spuren alter Hochöfen

Im „Siffe" soll, wie sich die Leute erzählen, ein reiches Erzlager gewesen sein. Wie überall, wo Eisen lag, hatten sich gewiss auch hier einige Hüttenleute angesiedelt, um das Eisen zu gewinnen. Dieses geschah in kleinen, mannshohen Lehmöfen. Da es damals, wie allgemein angenommen wird, noch keinen Blasebalg gab, blieb noch viel Erz an den Schlacken haften. Diese Schlacken wurden „Eisenschorf" genannt. Der Eisenschorf wurde vor etwa 20 Jahren ausgegraben und nochmals geschmolzen. Auch in der Zinsenbach soll eine solche Hüttensiedlung gewesen sein. In der dortigen Schlacke war aber nicht mehr so viel Erz enthalten.

Die Industrie in Dreis-Tiefenbach

Dreis-Tiefenbach ist sehr reich an Industrie. Nachdem in den Jahren 1904-1905 die Eisenbahn angelegt war, wurden hier mehrere Fabriken gebaut. Einzelne kleinere Betriebe waren schon vorher da. Von Weidenau kommend, stieß man zuerst auf die Fabrik des Herrn Wrede. Diese war eine Nietenfabrik. In früheren Jahren muss daselbst eine Walzenfabrik gewesen sein, denn der Weiher in der Nähe hieß noch vor kurzer Zeit der „Walzenweiher". Etwa 100 m weiter rauf befand sich die Rheinisch-Westfälische-Metall-Industrie, genannt „Boche". In derselben wurden aus den Schlacken und Abfällen der Drehereien die Metalle heraus gebocht. In späteren Jahren baute die Firma Becker hinter die Boche eine Gießhalle. In dieser wurden die Metalle geschmolzen und zu allerhand Gegenständen gegossen. Diese Halle wurde nachher zur Hindenburghalle umgebaut, welche aber leider im Kriege von den Bomben zerstört wurde. Die Firma Gebr. Berg, jetzt W. & E. Berg wurden in dem Jahre 1901 hier ansässig. Klein wurde dieses Geschäft angefangen, hat sich aber zu einem großen Baugeschäft entwickelt. Im Jahre 1906 entstand die Fabrik Siegener Eisenbahnbedarf. Sie ist eine große Waggonfabrik. Im Jahre 1912 wurden auf der Aue die Kölsch-Fölzer-Werke gebaut. Dort werden die berühmten Mammut-Kühlanlagen hergestellt. Daselbst ist auch eine große Kesselschmiede und Eisenkonstruktion für Fabrikhallen und Brückenbau. Im Jahr 1913 wurde der Gemeinde ein großes Gut geschenkt, nämlich die Wasserleitung. Hinter der

Fölzer´schen Fabrik steht das Wasserwerk. Dar innen sind täglich mehrere Pumpen bemüht, das Wasser in unsere Häuser zu befördern.

Wo die Fabrik Siegerland steht, war früher eine Gerberei. Tiefe Lohlöcher umgaben das Gebäude. Im Jahre 1921 verkauften die Gebr. Günther die Gerberei an einen Fabrikanten aus Weidenau. Es ist eine Blechwarenfabrik, in welcher Rohrleitungen aller Art hergestellt werden. Anstelle der jetzigen Dreherei Baier stand früher eine Eisenhütte. Dar innen wurde der Eisenstein für die Puddelöfen in Weidenau geschmolzen. Im Jahre 1922 wurde der alte Reckhammer in der Hilchenbacher Straße von einem Herrn Oehler käuflich erworben. Das alte Hammerwerk war sehr in Verfall geraten. Unter der Leitung des Herrn Oehler ist dort ein großes Hammerwerk mit zugehöriger Dreherei entstanden.

So kann man auch hier sagen: Das alte stürzt. Es ändern sich die Zeiten und neues Leben blüht aus den Ruinen.

Die neue und die alte Siegbrücke

Vor einigen Monaten ist die neue Brücke über die Sieg vollendet worden. Nachdem die alte Brücke bei den Kämpfen 1945 gesprengt worden war und die Verbindung des Dorfes mit der Austraße unterbrochen, musste wegen der Frühjahrsbestellung der Felder eine Notbrücke gebaut werden. Diese war eine Holzbrücke, welche das Hochwasser im Frühjahr 1946 wieder wegriss. Abermals wurde eine Behelfsbrücke gebaut. Dieselbe war für den Lastwagenverkehr zu schwach und man ging zum Bau der neuen Brücke über. Die Betonarbeiten wurden vom Bauunternehmer Günther ausgeführt und die Eisenkonstruktion von den Kölsch-Fölzer-Werken. Wenn nun große Wasserfluten kommen, finden sie freien Durchgang und auch für den Verkehr wird sie den Ansprüchen gerecht.

Nun wollen wir der alten Brücke gedenken. Mit den Wegen in und um Dreisbach war es in den Jahren vor 1839, ehe die Landstraße gebaut wurde, schlecht bestellt. Die Furt war unterhalb der Metzgerei Helmes und bei größerem Wasser kaum passierbar. Die aus dem Netpherland kommenden Bauersleute mussten mit ihren Holzkohlekarren diese Furt befahren. Der obere Teil der Furt auf der Aue heißt heute noch Köhlersweg und Kohlwasser. Da keine Brücke über die Sieg führte, war die Feldbestellung am linken Siegufer für die Dreisbacher eine schwierige Sache. Nachdem nun die Bewohner der Wernsbach im Jahre 1636 an der Pest ausgestorben waren, blieben die Felder am oberen Heckersberg brach liegen. Deshalb noch heute der Name „Braache". Die Felder werden jetzt wieder bearbeitet. Im Jahre 1832 wurde oberhalb der Furt eine steinerne Brücke über die Sieg gebaut. Langsam ging der Bau vonstatten. Die Steine wurden, wo heute die Flick´sche Mühle steht, gebrochen. Der Kalk musste mit Fuhrwerken aus dem Sauerland geholt werden. Die Maurerarbeiten wurden vom Maurermeister Stahl aus Tiefenbach ausgeführt.

Die Kaisereiche

In Tiefenbach wurde am 10. März 1897 die Kaisereiche gepflanzt. Man nannte sie Kaisereiche, weil sie am Geburtstage des Kaisers Wilhelm gepflanzt wurde. Sie war damals ein Bäumchen und ist jetzt ein großer Baum geworden. Sie steht als ein wachsendes Denkmal da, das die Bürger von Dreis-Tiefenbach zu Ehren ihres größten Fürsten gepflanzt haben.

Ein früheres Hammerwerk.

Früher siedelten sich die Hüttenleute auf den Bergen an. Dieses taten sie, weil auf den Bergen ein stärkerer Wind herrschte, welcher das Feuer in ihren Öfen zu grösserer Glut anfachte. Sie versuchten es auch mit einem kleinen Blasebalg. Die Leute mussten jedoch einsehen, dass einen viel grösseren Blasebalg haben mussten um das Eisen zu schmelzen. Die klügsten der Hüttenleute beschlossen in das Tal zu gehen und den Blasebalg und auch den Schmiedehammer mit einem Wasserrade zu betreiben. Durch die hohe Windzufuhr wurde das Eisen jedoch brüchig und musste in einem Frischofen nochmals geglüht werden. Ein solches Hammerwerk mit Glüh- und Frischofen stand auch in der Hilchenbacherstrasse, wo sich jetzt die Firma Oehler befindet. Es gehörte August Stettner und später seinen Söhnen.

Auszug aus dem Original Typoskript

Der Hauberg und sein Nutzen

Wir machen eine Wanderung in den Wald. Es ist kein stattlicher Hochwald der uns aufnimmt. Den Stämmen ist nur eine kurze Lebensdauer beschieden, denn wir sind in einem Hauberg. Die Besitzer bilden eine Genossenschaft, die 18 solcher Hauberge hat, von denen man jedes Jahr einen abholzt. Im Hauberg beginnt im Frühjahr ein lustiges Treiben. Die Männer hauen die Bäume um. Die abgehauenen Äste werden von Frauen zu Schanzen verarbeitet. Das Holz und die Schanzen werden am Wege aufgestapelt. Jetzt wird der Hauberg in Ackerland verwandelt. Mit einer kräftigen Hacke hackt man den Rasen um, lässt ihn trocknen und zündet ihn an. In die ausgestreute Asche streuen die Haubergbesitzer das Korn, das von den Genossen gemeinsam mit einem „Hoch" untergepflügt wird. Der Roggen aus dem Hauberg gibt ein vorzügliches Saatkorn. Bald zeigen die Baumstümpfe wieder neue Triebe und nach der Roggenernte überzieht sich der Boden mit saftigen Gräsern. Dann treibt der Hirte seine Herde in den Hauberg. Melodisch ertönt das Läuten der Glocken, mit denen einzelne Kühe geschmückt sind.

Die Heimat

In der Heimat ist es schön,
auf der Berge lichten Höhn,
auf den schroffen Felsenpfaden,
auf der Flure grünen Saaten,
wo die Herden weidend gehen.
In der Heimat ist es schön

In der Heimat ist es schön,
wo die Lüfte sanfter wehn,
wo des Baches Silberquelle,
murmelnd eilt von Stell´ zu Stelle,
wo der Eltern Häuser stehn.
In der Heimat ist es schön.

(Text: Karl Krebs, 1830; Musik: Johannes Andreas Zöllner 1840)

Bilder

Lieschstraße 8

Siegstraße

Die evangelische Kirche 2013

Das Ehrenmal 2013

Bilderverzeichnis

Cover: Henning Wagener

Seite: 12, 22, 28 : Gerhard Wagener

Seite: 43, 44, 45, 46: Henning Wagener